DES
SALLES D'ASILE.

Paris.— Imprimé par Plon frères, rue de Vaugirard, 36.

DES
SALLES D'ASILE

EXTRAIT D'UN

VOYAGE EN ITALIE,

PAR

M. DE CORMENIN.

PARIS

PAGNERRE, ÉDITEUR,

RUE DE SEINE, 14 BIS.

1848

1849

AVANT-PROPOS.

Lorsque je mis le pied en Italie, pour visiter les salles d'Asile, j'allais de ville en ville, sous les auspices de la paix la plus profonde. Ces écoles maternelles naissaient alors les unes des autres, par une sorte d'émulation heureuse. Rome, elle-même, si lente, si tardive, s'ouvrait à leur instauration. Naples allait se nettoyer de ses immondices et de ses préjugés, et le midi de l'Italie semblait vouloir rivaliser avec l'instruction plus avancée et plus répandue de l'Italie du Nord. Mais aujourd'hui que Turin, Florence, Naples, Milan, et Venise dans ses lagunes, retentissent du bruit des armes, je crains bien que ces précieuses institutions de la première enfance n'aient plutôt fait un pas en arrière qu'un pas en avant. Où êtes-vous, enfants et maîtresses? où sont les souscripteurs, les actionnaires, les inspecteurs, les visiteurs et l'argent? La très-probable désertion des Asiles, momentanée, je l'espère, m'a surtout engagé à publier ce Mémoire, tableau le plus neuf et le plus complet qui ait encore été tracé des salles d'Asile de toute l'Italie.

Les Italiens n'y verront pas, sans intérêt, la peinture de ces institutions, où la charité qui semble un fruit naturel du climat, des mœurs et de la religion, tient une si grande place.

Sans doute l'Italie n'a point, dans ses établissements, cette exactitude de comptabilité, ni cette organisation unitaire et méthodique, qui est le propre de nos établissemens français. Mais, il n'y a pas de voyageur qui, en entrant dans ces humbles asiles du pauvre, n'eût été frappé, comme moi, de la propreté des enfants, de leur douceur, de leur docilité, de l'ensemble harmonieux de leurs exercices, de leur vive et précoce intelligence, de la distinction des maîtresses, de l'abondance des aumônes, de la vigilance des inspecteurs et de la disposition salubre et commode des salles, des cuisines, des dortoirs, des bains, des jardins et des préaux.

Pour généraliser l'utilité de ce travail, j'ai résumé les préceptes qui me semblent applicables aux salles d'asile de tous les pays, sauf quelques différences de mœurs, d'habitudes et de températures ; ce qui est bon pour les enfants de l'Italie, est bon pour les enfants de la France. Les besoins de l'humanité sont partout les mêmes.

DES
SALLES D'ASILE.

J'ai visité avec le plus grand soin les asiles de Gênes, de Florence, de Livourne, de Naples, de Pise, de Lucques, de Bologne, de Ferrare, de Venise, de Milan, de Turin et autres.

Mais, avant d'entrer dans les détails, je dois faire quelques remarques générales.

Les points que j'aurai à traiter, se présentent dans l'ordre suivant :

I

Dans nos idées françaises et dans mon opinion, si l'État surveille les écoles primaires, il doit surveiller les salles d'asile. Les salles d'asile ne sont qu'un grand séminaire des écoles primaires. La société s'occupe et doit s'occuper, dans sa prévoyance maternelle, de ceux qui n'ont pas le loisir ou la faculté de s'occuper d'eux-mêmes. Or, qui est-ce qui n'a ni ce loisir ni cette faculté? Ce sont les pauvres, et c'est ainsi que la société, dès que la grossesse des mères est visible, leur ouvre des asiles, des refuges, des hospices pour leur accouchement. Plus tard, on prépare d'autres asiles pour les enfants trouvés, que les mères naturelles abandonnent à la mère générale et universelle de ceux qui n'en ont plus et qui en ont besoin, à la société. C'est encore elle qui protége les crèches, pour soulager la mère dans son nouveau-né. Les crèches sont des commencements d'asiles. Enfin, lorsque l'enfant sort de ses langes, qu'il commence à balbutier et à se tenir sur ses petits pieds, que son intelligence s'éveille, et qu'il y a déjà dans cet être si faible et si tendre le germe d'un homme, il faut le préparer à recevoir les bienfaits du développement physique et les leçons de religion et de morale qui, plus tard, s'il en profite, le rendront utile à lui-même et secourable aux autres. Or, la société n'a pas besoin de s'occuper des enfants du riche, que les secours de toute espèce, les

prévenances, l'abondance et même la sur-
abondance de soins environnent. Ceux-là
se tirent toujours d'affaire. Une mère riche
a plus d'intelligence, de loisirs et d'écus.
La mère pauvre, au contraire, n'a ni intelligence, ni loisirs, ni argent. Lorsque la
société supplée à ce triple manquement,
elle ne fait donc qu'un acte de stricte jus-
tice. Elle fait aussi un acte de bonne police; car si l'enfant misérable reçoit une
mauvaise éducation, de mauvaises mœurs
et de mauvais exemples, ceux de la mendicité et du vagabondage, il troublera plus
tard la paix de cette société; il lui sera une
charge, il lui sera un épouvantail, il lui
sera une ladrerie sur un corps sain. La
société est donc dans son droit, lorsqu'elle
veut sagement prévenir la maladie.

A mon sens, la salle d'asile, qui forme
l'homme moral, est plus essentielle dans
l'intérêt général de la société, que l'école
primaire qui forme surtout l'homme intellectuel, parce qu'une société bien con-
stituée vit plutôt de bonnes mœurs que
d'esprit. Si donc la société considère,
comme étant chose de son devoir, d'éten-
dre sa sollicitude sur les écoles primaires,
elle doit la répandre à plus forte raison

sur les asiles. Mais, comme on doit ména-
ger la tendresse délicate et susceptible des
mères, d'autant plus grande que l'enfant
est encore plus près de leur sein et, en
quelque sorte, de leurs entrailles, il faut,
non pas que ce soit le gouvernement, avec
la hauteur de ses commandements, qui pa-
raisse là-dedans, mais la ville natale de l'enfant, qui ressemble mieux à la mère et qui
en sait mieux remplir les devoirs. Ainsi le
caractère naturel des asiles est d'être des
établissements municipaux sous la surveillance élevée, lointaine, passagère des
inspecteurs du gouvernement.

Il faut d'autant moins livrer ces pauvres
petits enfants à toutes les fantaisies de la
spéculation, qu'ils ne peuvent pas se plain-
dre, à leur âge, comme les enfants des
écoles primaires privées.

Une autre raison pour que la société ne
perde pas trop de vue ces établissements,
c'est qu'on peut craindre que certaines in-
fluences religieuses ou autres, sous des
prétextes de charité, ne s'emparent, pour
le tourner à leurs vues particulières, du
tendre esprit de ces jeunes enfants, contre
le gré même de leurs parents que des tra-
vaux laborieux et absorbants ne laissent

pas libres de leur surveillance. Nous ne devons pas oublier que nous vivons dans un pays où la liberté des cultes est légalement établie.

Enfin une autre raison, c'est que les asiles particuliers ne peuvent guère vivre que par des souscriptions, loteries et concerts. Si donc le zèle des souscripteurs se ralentit, s'use, s'éteint, l'asile tombe faute d'aliment. Il ne tombe pas lorsqu'il est compris, comme dépense fixe, au budget communal.

Les asiles ayant été fondés en France par le soin de quelques femmes généreuses, on a soutenu que c'était leur faire perdre leur véritable nature que de les enlever à leur destination charitable et domestique, et de les faire passer du domaine des mères, en quelque sorte, dans le domaine éminent du gouvernement. Ces plaintes sont respectables, mais elles ne sont pas fondées.

Il y a plus : c'est que beaucoup de dames inspectrices, ayant montré tout d'abord un très-grand zèle pour la surveillance des maîtresses et des enfants, ont fini, par caprice ou pour une dispute de femmes, par n'y plus venir du tout. La simple inspection des exercices scolaires ne suffit pas à leur activité, si grande, si animée dans ce pays-ci!

En Italie, les établissements d'instruction primaire sont des établissements privés. Les asiles ont le même caractère. On y fait de la charité et de l'instruction, à peu près qui veut en faire et comme il lui plaît. Les asiles de l'enfance participent de ce caractère et de ces usages. Une société se forme, on rédige des statuts, on les imprime, on les répand, on fait un appel aux gens de bonne volonté, on s'engage par souscription, on arrange des concerts et des représentations théâtrales, on tire des loteries, et l'argent vient.

Il faut ajouter que, d'après les coutumes du pays, les femmes apparaissent peu au dehors. Les hommes, seuls ou presque seuls, ont la collecte des fonds, la manutention de la recette, la surveillance des asiles, et rendent et reçoivent les comptes.

Cette intervention des hommes manque, en France, à nos asiles.

On a trop regardé les asiles comme une succursale de la maternité. La maîtresse de l'asile fait manœuvrer son petit bataillon comme elle l'entend, et les hommes, chez nous, ne mettent jamais le pied à l'asile, si ce n'est comme simples visiteurs, par pure curiosité et rarement.

Ce serait, je pense, une heureuse innovation que de les y introduire à titre d'inspecteurs bénévoles. Ils seraient plus aptes à juger des méthodes employées, de la convenance des précautions hygiéniques, de la nécessité des réparations et appropriations des salles, vestiaires et préaux, de l'ordre, de l'ensemble et de la tenue générale de la classe. Il ne faut pas croire que les hommes ne soient pas très-propres à certains détails, non point pour les pratiquer, mais pour les surveiller. Après tout, les maîtres ont, même en matière d'asiles, comme en matière d'instruction primaire, la supériorité sur les maîtresses. Mais, de même que les asiles les mieux tenus sont ceux que dirigent le mari et la femme, de même les asiles les mieux surveillés seraient ceux où il y aurait à la fois des inspecteurs et des inspectrices.

J'ajoute que les hommes n'ont pas ces fantaisies à la minute et ces légèretés boudeuses que prennent certaines femmes du monde avec les maîtresses d'asile, à de minces propos ; et de plus, les hommes sont des intermédiaires plus habiles que

les femmes, lorsque l'asile a quelque ré-
clamation à faire ou quelque demande à
adresser soit au maire, soit au ministre.

II

Ma seconde observation générale porte
sur la nourriture (*minestra*) donnée aux
enfants de l'asile. C'est là un usage adopté
à peu près dans toute l'Italie. On y fait
d'abondantes distributions en nature aux
pauvres. Les enfants de l'asile sont des
pauvres aussi. L'occasion se présentait de
soi-même de leur fournir des aliments.
Est-ce bien, est-ce mal? C'est là la question.

Elle a deux côtés, le côté moral et le côté
économique.

Il ne faut pas se dissimuler que les *hôpitaux* énervent la tendresse des femmes
pour leurs maris, qui y trouvent un lit,
des médecins et des remèdes; les *hospices
des enfants trouvés,* la tendresse des mères
naturelles pour leurs nouveau-nés; les *hospices de vieillards*, la tendresse des fils
pour leurs pères et mères âgés qu'ils ne
secourent pas de leurs soins et du produit de leur travail; les *aumônes* et *in-*

stitutions de charité diminuent l'effort des hommes laborieux, encouragent la fainéantise et rendent le dévouement moins pressant, moins actif, moins généreux, moins fraternel.

Je regrette qu'une étude morale et philosophique n'ait pas devancé et, en quelque sorte, prémédité l'établissement des salles d'asile. On ne doit rien négliger de ce qui touche à l'enfance du peuple, à sa première enfance.

Presque tous nos enfants vont à la *salle d'asile,* lorsqu'il y en a une; un peu moins ne va à l'*école primaire,* moins encore à l'*école secondaire,* et presque aucun à l'*école supérieure.* Eh bien, un seul cours de *faculté* qui ne recevra que vingt élèves, prendra plus de temps au ministre que l'ensemble de l'instruction primaire de dix départements. C'est tout le contraire qui devrait arriver.

Les asiles ne doivent pas être des continuations de mendicité. La mère ne doit pas y envoyer son fils pour qu'il y mange, mais pour qu'il s'y discipline, s'y corrige de ses défauts, s'y développe de corps, s'y instruise d'esprit.

Avant qu'il n'y eût des asiles, et là où il

n'y en a point, il s'est établi des refuges volontaires, des *garderies* pour les enfants, moyennant un sou par jour. Des femmes qui en font spéculation et métier, tiennent sous clef, pendant toute la journée, ces pauvres créatures. Elles les entassent sur des bancs ou sur des chaises, pêle-mêle et souvent sans distinction de sexe. Elles ne leur apprennent que ce qu'elles savent, c'est-à-dire rien. Elles placent les plus petits à côté des plus grands ; elles ne font aucune attention aux conditions hygiéniques du jeu, du froid, de la chaleur, de l'air, ni aux habitudes dépravées, aux mots grossiers, aux gestes indécents, non plus qu'aux bobos et affections qui peuvent se communiquer, à la malpropreté, etc.

J'ai vu des enfants qu'on tenait renfermés dans de pareils bouges, ne pouvant remuer, n'ayant ni air, ni soleil, ni espace, s'arrachant leurs bonnets, criant, se battant ou dormant comme de petites brutes. Et quand on songe que cela a existé de tout temps sans que le ministre en sût seulement un mot ! Il y a encore une quantité de villes et de gros bourgs où cela se continue ; et si le ministre, comme je le lui conseillerais, se fait faire un rapport là-dessus, pour que de tels abus cessent, ce rapport ne vaudra pas moins que la très-savante relation d'une imperceptible étoile qu'on aura trouvée, après d'incroyables efforts, à ajouter dans le catalogue des millions de millions d'étoiles qui inondent le firmament.

Je dis qu'il y aurait lieu de supprimer toutes les *garderies;* mais on en peut du moins tirer cette induction que si les mères donnent volontairement un sou à des mercenaires, c'est qu'elles le peuvent donner, c'est qu'elles le veulent donner, et qu'elles travaillent ou économisent pour cela. Ensuite, prenons garde qu'elles glissent toujours quelque nourriture dans le panier de leurs enfants, et ce n'est pas assurément la gardienne qui leur donne à manger ! Il suit de là qu'on pourrait, à titre d'essai, demander ce sou à la mère pour que son fils ou sa fille soit plutôt transféré dans un asile aéré, disciplinaire, instructif, moralisateur, dissemblable en mieux et en tout point, à l'infecte et sale *garderie;* et, à tout le moins, si la mère est dispensée de payer, faut-il encore qu'elle prépare le petit panier de son enfant.

Les moralistes et les hommes d'Etat conviendront tous qu'il n'est pas d'une mince importance d'entretenir et de garder dans toutes les classes du peuple, les saintes inspirations et les pratiques du dévouement. Dès qu'il y a moins de dévouement, il y a moins de vertu; dès qu'il y a moins de vertu, il est sensible que vous ôtez quelque chose à la moralité du peuple, et la moralité du peuple est la partie principale de son bonheur. Est-ce au moment où tous les liens de la famille se relâchent et où des sectaires veulent aller frapper la femme sur le lit conjugal et arracher les enfants aux embrassements de leur mère, que l'on affaiblira les liens si fermes et si doux de l'intimité du foyer domestique?

Les crèches n'empêchent-elles pas la mère de souffrir des cris, des larmes et des excréments de son nouveau-né? Mais pourquoi la Providence, qui est plus sage que nous assurément dans ses voies et moyens, a-t-elle voulu que les mères souffrissent ainsi? C'était pour qu'elles aimassent mieux leurs nourrissons. Et pourquoi fallait-il qu'elles les aimassent beaucoup? Parce que, nés si faibles, si abandonnés, si repoussants, il n'y avait qu'une mère qui pût leur sourire à travers ses larmes, et qui tirât sa volupté de sa douleur. Dieu, dans l'intérêt de la conservation des êtres animés et sensibles, a inspiré ces mêmes sentiments, ou si l'on veut, ces instincts providentiels et sublimes, aux bêtes elles-mêmes. L'homme serait-il moins raisonnable qu'elles! Vit-on jamais les bêtes, même les plus féroces, quitter leurs tanières et retirer leurs mamelles à leurs petits, dans les premiers moments de l'allaitement? La nature, pour que la race humaine ne multipliât pas outre mesure et avec une exubérance qui eût contrarié ses desseins, a voulu que la femme éprouvât les incommodités de la gestation, les atroces douleurs de l'enfantement, et les clameurs, et les insomnies, et les anxiétés de la nutrition.

Si, à l'aide des crèches, du reste si ingénieuses, vous délivrez la mère des soins que lui imposa la nature, faites-vous bien pour la mère, faites-vous bien pour l'enfant? Un peu plus tard, l'aimera-t-elle par le souvenir cuisant et doux des peines qu'elle a endurées pour lui? Il est tout au moins permis, à cet égard, de rester dans le doute.

Il en est un peu de même pour ce qui est des *Salles d'asile*, et, sous le rapport moral, ce serait une question à examiner que celle de savoir si l'on devrait y admettre des enfants âgés de moins de trois ans et demi.

J'ai vu souvent, dans mes visites, de ces pauvres petits enfants s'attacher en pleurant à la robe de leur mère qui se détournait elle-même pour pleurer, et lorsqu'elle quittait la salle avec effort, ils venaient à moi, me prenaient les jambes et mè suppliaient de les reconduire vers leurs mères ; la plupart, à cet âge-là, ne se mêlent point aux exercices de leurs aînés, si ce n'est à leurs exercices gymnastiques, car alors il ne leur faut que des mains pour les mouvoir en cadence, une voix pour imiter des sons tant bien que mal, et des pieds pour marcher ; mais ils ne comprennent pas, ils ne peuvent pas comprendre un exercice intellectuel. Dès qu'il commence, ces enfants s'accroupissent dans une espèce d'immobilité cérébrale, et si l'exercice continue, ils s'endorment. Prenez donc bien garde qu'ils ne font que suivre en cela la loi de la nature. Elle a voulu tout d'abord que l'homme se constituât et que le cerveau naissant où doivent s'élaborer et s'imprimer les hautes facultés d'un être que Dieu créa à son image, ne fît que végéter avant de vivre. La nature semble nous avertir par là en même temps que l'ouvrage de la mère n'est pas terminé, que l'enfant n'a pas encore assez joui de ses caresses, et la mère pas assez des cris et des larmes de son enfant. A peine un léger duvet le couvre, il se blottit comme un petit oiseau frileux au creux de son nid. Il sent qu'il ne peut encore voler de ses propres ailes.

Sans doute l'état social actuel étant contre nature, il a bien fallu chercher dans cet état social des remèdes à ses maux, et parce qu'il y a une partie nombreuse, la plus nombreuse même de cette société qui a été privée des avantages dont jouit l'autre portion, trop exclusivement peut-être, on peut dire que, pour rétablir l'équilibre, la compensation, il faut bien que la société vienne en aide à la pauvre mère naturelle qui ne peut nourrir son enfant, aux enfants qui ne peuvent nourrir, abriter, ni vêtir leur vieux père, à la pauvre femme qui n'a pas d'argent pour médicamenter et soigner son mari. Ce que la famille ne peut faire individuellement et sous le toit domestique, la société, par voie de suppléance, y fournit dans ses hôpitaux, ses hospices et ses écoles, en commun et de même que l'on pourrait supposer une mère de plusieurs centaines d'enfants.

Mais quelle que soit l'urgente nécessité de ces besoins sociaux, et nous la reconnaissons, nous devons néanmoins nous souvenir toujours que les lois de la nature sont préexistantes à ces arrangements fortuits-là, et qu'on ne doit jamais leur faire violence.

Si nous partons de ces données, nous arriverons à douter que la nourriture fournie aux enfants de l'asile par des souscripteurs compatissants, soit une bonne mesure sous le rapport moral. On empêche ainsi la mère de remplir le plus impérieux de ses devoirs, celui de nourrir son enfant qui passe pour ainsi dire avant celui de le vêtir; car l'homme ne peut pas vivre sans manger. Avant qu'il n'y eût des asiles, et même aujourd'hui dans les lieux très-populeux où il n'existe pas d'asiles, on ne voit pas de mères laisser mourir leurs enfants de faim. Si la mère travaille un peu plus, souffre un peu plus pour son fils, tant mieux. Elle n'en chérira son fils qu'un peu plus. Elle n'en remplira que mieux son devoir de mère. On conçoit qu'une mère pauvre n'ait pas toujours de quoi acheter un habit à son fils, une robe à sa fille, une chemise, des bas, des souliers, un bonnet, un chapeau, mais son pain quotidien qu'elle prend sur le sien, toujours!

La nourriture des enfants d'asile a d'autres inconvénients. Si vous ne la donnez qu'aux plus pauvres, qu'est-ce que c'est que le plus pauvre, parmi les pauvres? Si vous la donnez à tous, il y en a qui la reçoivent, qui pourraient s'en passer et vous aurez commis une autre espèce d'injustice.

On comprend que pour attirer à l'asile des enfants très-pauvres qui, sans cela, vagueraient par les rues pour y mendier, on donne sous main quelques petits secours à leurs mères, et c'est un moyen que j'ai pris et qui m'a bien réussi. On comprend aussi que lorsque le pain devient très-cher et excède le gain ordinaire de la famille, on allége accidentellement sa misère dans la personne de l'un de ses membres, mais ces exceptions ne font que confirmer la règle. Je conseillerais donc de s'en tenir à ce que nous faisons en France et de ne pas imiter l'usage de l'Italie sur lequel je reviendrai en parlant de Rome.

Il ne me reste plus qu'à envisager la mesure sous le rapport économique.

Sous le rapport économique, la *minestra* est encore moins acceptable.

En effet, supposez que l'asile renferme deux cents enfants et évaluez la portion de chaque enfant à un sou par jour et soit 300 jours par an, c'est une dépense de 3,000 francs.

Et, de plus, il faut un local plus grand, une espèce de réfectoire, des assiettes, des conduits d'eau, une cuisine, une cuisinière.

Avec ce surplus-là, c'est-à-dire avec 3,000 francs, vous auriez un asile de plus, peut-être deux.

Je m'arrête et je conclus que sous le rapport économique, aussi bien que sous le rapport moral, il vaut mieux ne pas introduire en France la méthode italienne.

III

Je me suis aussi souvent demandé pourquoi l'on négligeait en fait d'asiles, une autre classe très-respectable (toutes le sont) de notre société. Je veux parler de la petite bourgeoisie, des marchands en gros et en boutique, des artistes et des employés. On a d'abord songé aux pauvres, c'est bien et j'approuve cela, mais il ne faut pas non plus négliger les autres classes. La société, comme une bonne mère, doit exercer sa vigilance et sa tendresse sur tous les enfants qu'elle renferme dans son sein. L'ordre, la discipline, l'hygiène, la morale, l'instruction de tous les enfants doivent lui être également chers et précieux. Ce sont tous ces rapports bien établis, bien entretenus, qui constituent une bonne et heureuse société.

Ces réflexions me conduisent à penser, et j'y pense, en effet, depuis plusieurs années, qu'on devrait établir des *asiles payants*, sous ce nom ou sous un autre, peu importe, lesquels remplaceraient ces petites pensions borgnes, autres garderies, où la bourgeoisie envoie ses enfants de quatre à six ans, sans guère plus de soins ni de souci que les pauvres, et où ils ne sont guère mieux appris, disciplinés, moralisés et soignés. Il arrive de là que les enfants tout à fait indigents, sont dans la réalité beaucoup mieux traités que les enfants de la classe marchande. Ceux-ci sont habituellement renfermés, loin de leur mère qu'ils gêneraient dans sa boutique par leurs cris, leurs larmes, leurs bruyantes allures et leur encombrement. Ils sont confiés aux soins de quelque mercenaire, mal payée *pour tout faire,* relégués dans une arrière-boutique, souvent noire et humide, à ras de sol et donnant sur des cours étroites et infectées des détritus des cuisines et de l'écoulement purulent des eaux ménagères. N'est-ce pas là une espèce de prison de la condition la plus malsaine, et lorsque l'enfant en sort, c'est pour monter à un étage élevé, chez un maître ou maîtresse inconnus, sans garantie, sans surveillance aucune, ni de la part des parents ni de celle de l'autorité, et qui ne leur apprend que ce qu'il veut et comme il veut, qui les corrige ou ne les corrige pas, qui assemble des sexes et des âges dissemblables, qui chauffe trop ou trop peu la salle d'étude, et qui remplit fort mal, en général, les devoirs d'une bonne, saine et régulière éducation.

Ne serait-ce donc pas un véritable bienfait d'instituer, à l'image des salles *gratuites,* d'autres salles *payantes* qui reproduiraient, moyennant un léger salaire, les mêmes instructions, les mêmes soins, les mêmes exercices appropriés? Sans doute, le gouvernement n'a pas, si ce n'est pour une simple permission, à se mêler de pareils établissements, ni les autorités municipales non plus. Mais il y peut aider, soit en retirant son autorisation à ces pensions borgnes, qui, faisant de cela marchandise, ne remplissent aucune condition d'hygiène ni de moralité suffisante, soit en donnant aux asiles-payants tous les encouragements dont il lui est permis de disposer, soit en excitant le zèle des préfets et des maires de villes assez considérables. Il serait à désirer que des associations de pères et mères de famille se formassent à cet effet et qu'ils devinssent les directeurs, les collecteurs, les caissiers, les surveillants et les économes de ces associations, sans aucune pensée de spéculation ou de lucre et avec réversibilité, au contraire, de l'excédant des recettes, pour l'amélioration intérieure de l'établissement. Bientôt ces asiles-payants, convenablement établis et encouragés, couvriraient toute la France et rendraient un immense service à la société aisée. On y verrait accourir les enfants des marchands en boutique, des artistes, des négociants, des employés, et même de la classe riche. Il y a aussi là une bonne pensée d'union entre les diverses classes, qu'il ne faut pas négliger.

Aucun essai de ce genre n'a été tenté

dans les deux plus grandes cités de France,
à Paris, à Lyon. Le maire de Lyon, M. Ter-
me, de regrettable mémoire, véritable phi-
lanthrope pratique, l'allait faire dans sa
ville à ma prière, et il en espérait un grand
bien. Lui mort, à qui m'adresser, et je ne le
sais, et j'en éprouve une vraie douleur.
Lyon était fait tout exprès pour une telle
expérience, avec ses populations concen-
trées et pressées, ses hautes maisons, ses
rues étroites, ses boutiques obscures, ses
arrière-cours si froides, si humides, si sales,
si infectes. Que d'enfants hâves, étiolés,
scrofuleux, on rendrait à la santé, à la vie,
à la lumière !

A Troyes, qui est un autre Lyon en petit,
j'ai rencontré de vives sympathies dans la
femme du préfet et dans les commissaires
de police. Ils m'ont compris, ils m'ont pro-
mis, mais me tiendront-ils parole et réus-
sirai-je ? A tout hasard, je vais essayer.

A Paris, j'ai bien cherché, bien remué,
l'an dernier, bien parcouru des quartiers ;
mais les loyers étaient exorbitants, et il a
fallu que notre zèle vînt s'arrêter et se rom-
pre devant cet obstacle. Cependant je vais,
sans me rebuter, essayer encore. On a bien
réussi à Milan, où j'ai vu des asiles payants

(les seuls de l'Italie), pourquoi ne réussirions-nous pas à Paris? Je crois qu'un vaste local n'est pas nécessaire, moins que pour les enfants des pauvres, d'ailleurs plus nombreux. Je sais comment il faut s'y prendre; avec un peu d'aide et de patience, nous verrons.

IV

Il me reste à faire, en terminant, à propos de tous les asiles, tant de France que d'Italie, une remarque qui n'est pas sans quelque valeur.

Je vois qu'en France, les inspecteurs des écoles primaires rendent au recteur de l'Académie un compte plus ou moins sommaire des asiles qu'ils ont visités, et je ne vois pas que le maire, qui fournit le logement et quelquefois le traitement, en fasse autant au conseil municipal, où la mention en est bien légère.

Le ministre lui-même, dans son budget, en parle peu, si ce n'est que de la somme fournie.

En Italie, comme il s'agit de l'emploi des fonds versés et que les asiles vivent sous un régime privé, il faut bien que le directeur-gérant ou trésorier rende compte aux fondateurs et souscripteurs des recettes et des dépenses, ne fût-ce que pour justifier leurs aumônes et renouveler leur zèle. Les rapports sont, d'ordinaire, imprimés et très en règle, mais ils sont insuffisants, il me le semblait du moins.

Je voudrais que ce compte-rendu fût divisé en trois parties.

La première partie contiendrait le compte matériel des recettes en actions et souscriptions, produits de loteries et de représentations scéniques; des capitaux de donations ou testaments, des sommes placées, des rentes acquises, des pensions mensuelles, s'il y en a; en un mot, de tout l'actif, et pareillement des acquisitions foncières, des prix de loyer, du mobilier de fonds ou d'entretien, des réparations, salaires, impressions, contributions et frais; en un mot, de tout le passif. Ceci est le budget.

La deuxième partie comprendrait le compte-rendu par les médecins de l'état sanitaire individuel et général des enfants, à l'ouverture des classes et à la sortie des vacances; de leurs maladies spéciales et des moyens de curation employés ou conseillés. Ce rapport ne serait pas le moins intéressant de tous.

La troisième partie comprendrait le compte-rendu, d'après les observations journalières de la maîtresse, des défauts et des qualités propres aux enfants de la localité, des moyens de correction ou de perfectionnement employés par elle, de leur réussite ou de leur inutilité ; des nouveaux moyens à tenter ; des progrès faits sous le rapport physique, intellectuel et moral ; de la réaction plus ou moins heureuse de l'enfant de l'ouvrier sur lui-même, tel qu'il était devant, et sur ses parents ; et, à cet effet, les maîtresses feraient bien de tenir un petit registre quotidien de leurs observations, récapitulé par elles et résumé dans un autre registre à la fin du mois.

Après ces réflexions générales, je vais dire un mot de chacun des asiles que j'ai visités en Italie pendant l'automne de 1847.

AVIGNON.

Je commence par Avignon, que j'ai vu en passant ; Avignon c'est déjà presque de l'Italie.

L'asile renferme 400 enfants. On les en retire trop tôt, et dès l'âge de quatre et cinq ans.

Cela vient de ce que la lutte sur la liberté d'enseignement descend dans la population.

Les sœurs et les frères des écoles chrétiennes les enlèvent à cet âge, et surtout les meilleurs, les moniteurs. On ne suspectera pas mon catholicisme, et c'est pour cela que je puis m'expliquer là-dessus plus franchement qu'un autre. Eh bien! je dirai que c'est discréditer, perdre, dénaturer un asile que de lui enlever ses bons sujets et d'empêcher qu'il ne porte ses fruits naturels en le privant d'achever l'éducation de la première enfance. Une autre raison à donner de cette mauvaise dispute des maîtres, clercs et laïques, c'est que les enfants de quatre et cinq ans, entrés pour ainsi dire de force dans les écoles des frères et des sœurs, s'y trouvent mêlés avec des enfants de sept, huit ans, et plus. Les salles d'asile n'ont pourtant été créées que pour distinguer et séparer les âges.

On appâte les parents en ne leur demandant aucune rétribution, même aux parents un peu riches, et cela est un mal, car c'est faire appel à un mauvais sentiment.

En Italie, ces luttes religieuses n'existent pas; sauf quelques exceptions, les prêtres italiens sont peut-être plus indulgents et plus libéraux que les nôtres.

Les garçons de la salle d'asile d'Avignon sont plus dociles, plus attentifs, plus intelligents que les filles qui sont coquettes, se mirent et s'ajustent.

Les frères et les sœurs des écoles chrétiennes apprécient les enfants venus de l'asile. Ils sont plus doux et plus instruits que les autres.

Les dames inspectrices n'inspectent pas, m'a-t-on dit. Dit-on vrai ?

Quelques enfants n'apportent pas de quoi manger, et on devrait en avertir les parents ou y pourvoir.

GÊNES.

Il y a trois salles d'asile, Sainte-Sophie, Saint-Louis, Saint-Jean-Baptiste. A Sainte-Sophie, j'ai fait la remarque qu'il n'y avait pas d'estrade au fond de la salle.

Les murs ne sont pas garnis de tableaux.

Le boulier-compteur n'est pas des mieux choisis.

Les enfants sont au nombre de 250, dont moitié filles, moitié garçons, et de peu d'apparence.

Les exercices s'y font en chantant, avec le frappement des mains.

Les chants y ont assez d'ensemble, mais ils sont un peu aigus et criards. Du reste, la chambre d'études, les vestiaires, le réfectoire, le dormitoire, le préau sont vastes, aérés, bien tenus.

On y enseigne la grammaire, la nomenclature, l'histoire sacrée, l'histoire naturelle, l'arithmétique, etc.

Il y a des dames inspectrices et des inspecteurs.

J'ai dit dans mes observations générales, et je répète, que l'institution des inspecteurs serait bonne à introduire en France. Les hommes entendent mieux l'organisation d'une classe et pénètrent mieux dans l'ensemble des détails. Ils voient et corrigent plus vite les vices et les abus d'une œuvre. Ils trouvent mieux les expédients de réparation. Ils jugent mieux les méthodes. Il est, d'ailleurs, nécessaire d'accoutumer les classes riches à ces sortes de surveillance gratuite. Elles les moralisent, elles leur inspirent le dévouement, elles fécondent les ressources des salles d'asile. Les inspecteurs suivent mieux les démarches auprès des autorités, etc.

La directrice laïque de l'asile de Gênes reçoit 65 francs par mois, soit 780 francs

Sept autres aides reçoivent de 20 à 30 francs, soit 240 à 360 francs.

On donne pour la première fois aux petits garçons des blouses à raies rouges, et aux petites filles des robes grises.

On les admet de trois à sept ans.

On leur distribue, une fois par jour, une soupe de riz ou de vermicelle avec des herbes, à midi. On en redonne même, s'ils en demandent.

Le service de la minestra se fait avec des écuelles de terre et des cuillers d'étain.

Chaque enfant mange 4 onces de soupe. On donne 25 kilogrammes ou 50 · livres pesant pour 200 enfants.

La livre pesant revient à 15 cent., par mois à 193 francs, par an à 2,322 francs.

Après le repas, les enfants sont lavés, débarbouillés, et ils dorment.

NAPLES.

Cette ville, de 500,000 âmes, n'a pas, à proprement parler, de salles d'asile. Aucune, en Italie, n'en a plus besoin qu'elle. Naples regorge d'une population d'enfants déguenillés, mendiants, voleurs, qui vivent, dans les rues et les places publiques, de l'aumône et de la dépouille des passants. Touchés de leur misère et de leurs vices, quelques généreux citoyens avaient, à l'aide de souscriptions, formé trois salles d'asile. Mais, la division s'étant glissée parmi les fondateurs à l'occasion des méthodes, ces trois salles d'asile, après avoir dévoré le reste de piastres qui les soutenaient, n'ont pu tarder à mourir.

Je les ai visitées toutes trois. Les salles sont mal carrelées et mal ventilées.

Les enfants chantent avec assez de cadence. Ils sont moins espiègles que chez nous. Ils m'ont paru assez robustes. Ils sont pâles et réfléchis.

Le loyer de l'asile est de 480 francs.

Le salaire de la directrice de 480 francs.

Le salaire de la sous-directrice de 240 fr.

On a joint à l'un des asiles un apprentissage de cordonnier. L'idée d'une profession manuelle qui n'est là qu'en germe, pourrait ailleurs se mieux développer. J'ai vu, à Florence, la même idée mise en pratique, heureusement et plus au large, dans l'asile-modèle du comte Demidoff.

Je veux placer ici une observation qui n'est pas sans importance.

Lorsque les enfants de Naples furent retirés du milieu tapageur, étourdissant et criard où ils vivaient, et qu'ils passèrent dans la salle d'asile, ils devinrent silencieux, attentifs et recueillis. En sortant de l'asile, ils cessèrent de mendier dans les rues comme leurs petits camarades, tant est grand, à cet âge surtout, l'empire de la discipline et de l'éducation !

Le roi, ayant su que j'étais de passage à Naples, et que je m'occupais beaucoup des asiles, me fit dire spontanément qu'il désirait que j'allasse le voir. J'y allai, et je lui parlai, avec trop de franchise peut-être, de l'état misérable des enfants de sa capitale. Lavez-moi, lui dis-je, ces enfants-là à grande eau, et ouvrez-leur vingt asiles ! Fournissez de votre trésor particulier les frais de premier établissement ; que la municipalité donne les logements et paye les maîtresses ; vous avez ici des femmes admirables, nos sœurs de la charité. Elles savent l'italien, elles conduisent déjà avec succès des écoles de filles. Elles seraient remplacées par d'autres sœurs, venues de France. Et comme le roi, retenu par des scrupules religieux qu'on lui a faussement inculqués, résistait, et que, de mon côté, j'insistais avec chaleur, oubliant un peu, je l'avoue, que je me trouvais en présence d'un roi absolu, Ferdinand me dit : Savez-vous, monsieur de Cormenin, que vous me donnez là des leçons ! Ce ne sont pas des leçons, répliquai-je, que je vous donne, mais des prières que j'adresse à V. M., et qui feront bénir son nom, si elle daigne les exaucer. Mais je vis bien que le roi était persuadé que les habitudes paresseuses du peuple napolitain répugnaient à ces sortes d'institutions. En quoi il se trompe grandement, car, en sortant du palais, je courus bien vite chez nos sœurs de la charité, et je leur racontai mon audience. — Comme on abuse le roi ! me dirent ces dignes femmes. Mais tous les jours nous sommes obligées de relever une foule de mères qui se jettent à nos genoux, et qui nous supplient d'ouvrir un asile et d'élever leurs petits enfants. Il y a donc une moisson immense à faire pour les salles d'asile dans ce vaste et populeux royaume de Naples, mais le temps n'est pas encore venu et j'en suis affligé.

ROME.

Rome n'est pas beaucoup plus avancée que Naples, malgré l'esprit libéral et l'excellent cœur de Pie IX. Il n'est pas possible de se faire une idée de la lenteur des Romains en toutes choses. Le gouvernement de S. S. ne s'est pas mêlé des asiles, d'abord parce que l'éducation est considérée comme étant du domaine à peu près privé des citoyens, ensuite parce que le trésor du pape est à sec, et j'ajoute cette troisième raison que les cardinaux-ministres n'ont jamais vu de leur vie une salle d'asile et ne se doutent pas le moins du monde de ce que c'est.

Une société s'est donc formée, selon l'usage italien ; elle a rédigé un projet de statuts qu'elle a eu la bonté de me soumettre en paraissant désirer que je lui fisse mes observations.

Je répondis que les asiles sont, à mon sens, des établissements municipaux, et j'indiquai les conditions d'un asile, les méthodes, le nombre de maîtresses, sous-maîtresses, etc.

J'engageai les sociétaires à ne pas fournir la *minestra*, et j'en donnai les raisons que j'ai expliquées plus haut.

En second lieu, je fis observer que la séparation des sexes ne signifiait rien pour les enfants de deux à six ans, qu'il n'y avait pas encore de sexe à cet âge, que l'asile était l'image de la famille, et que dans la famille, la mère ne tient pas ses garçons éloignés de ses filles ; qu'on obligerait la mère de deux enfants à plusieurs voyages dans différents quartiers, pour l'aller et le retour ; qu'on briserait les liens d'habitude et de tendresse qui unissent le frère à la sœur ; qu'on diminuerait la quantité des enfants de chaque asile, quantité nécessaire pour la bonne tenue, la discipline et l'ensemble harmonieux des classes; qu'il faudrait avoir deux loyers, deux mobiliers, deux maîtresses, et qu'on augmenterait ainsi de près du double la dépense.

Je fis remarquer également qu'on ne devait ni, d'un côté, donner l'exclusion aux petits enfants qui ne seraient pas de la communion catholique, ni, de l'autre, écarter les religieuses ; qu'il valait mieux, sans distinction d'hommes ou de femmes, de filles ou de veuves, de religieuses ou de laïques, choisir et prendre pour directeurs ou pour directrices, ceux ou celles qui ont le plus un cœur de mère, un esprit inventif, un caractère bienveillant, de la fermeté sans roideur, de la douceur sans faiblesse, de l'instruction sans pédantisme ; point d'exclusion de personne et emploi de tout ce qui est bon et bien.

Je demandai que l'on astreignît les maîtresses et sous-maîtresses laïques à porter une robe de couleur unie et foncée, avec une ceinture pour frapper la vue des enfants, et que les dames surveillantes exigeassent des maîtresses une mise soignée et une propreté parfaite des mains, des pieds et du visage, car c'est bien le moins que les directrices, en s'adressant aux enfants pour les réprimander sur ce point-là, les prêchent d'exemple.

Je donnai le modèle d'un appareil ventilatoire que j'ai fait appliquer avec succès en France dans plusieurs écoles primaires, que j'ai mis sous les yeux du pape et qui, dans l'Italie septentrionale, serait très-propre à renouveler cet air vicié des salles, si nuisible à la santé des enfants et des maîtresses. J'ai partout remis aux directeurs des asiles le dessin de cet appareil aussi économique que simple.

Enfin, j'ai persuadé d'établir des bains d'eau froide et d'eau chaude, à niveau de terre, et qui peuvent à la fois baigner une quinzaine d'enfants. Ces bains seraient bonifiés par l'immixtion de quelques poignées de sel ou de quelque décoction amère ou sulfureuse, indiquée par le médecin. Les enfants de l'Italie sont assez sujets aux scrofules, aux langueurs d'estomac, aux éruptions de la peau et à divers genres de chronicité lymphatique.

Je pressai très-instamment le pape, en lui remettant mes observations que la *Société des asiles* avait bien voulu faire imprimer, de donner son adhésion et ses encouragements à cette belle et populaire institution. Le pape voulait y joindre son argent dont il n'a pas de trop, le pauvre homme ! On donna des représentations théâtrales, avec grand renfort de chœurs et d'orchestre. On versa le produit dans la caisse de la Société. Aujourd'hui, les fonds sont prêts, la maîtresse est choisie. Il ne faut plus que trouver un logement: chose facile, si on le voulait bien. Mais la lenteur romaine ! la lenteur romaine !

Rome renferme deux cent mille âmes. A un asile par dix mille âmes, ce serait vingt asiles. On ne lui en demande pas tout de suite vingt ; mais, mon Dieu, qu'elle nous

en donne toujours un, au moins un ! Croient-
ils donc, les gens de ce pays-là, qu'ils pos-
séderont éternellement un pape comme
Pie IX ! Qu'ils se hâtent de fonder, de son
vivánt, des institutions sociales et perma-
nentes ! Après lui, sait-on ce qui peut arriver? D'ailleurs, on ne saurait jamais trop
se presser de faire le bien. C'est aujour-
d'hui, ce n'est pas demain qu'il faut le faire.
Le bien n'attend pas, n'attend jamais !

LIVOURNE.

Livourne, ville populeuse et commer-
ciale, a, dans les bas quartiers, deux salles
de filles seulement. C'est, je l'ai déjà fait
remarquer, l'usage dans l'Italie méridionale, usage assez sot, de ne pas mêler les
sexes, et il arrive de là, comme ici, par
exemple, que les garçons sont privés d'a-
sile.

C'est aussi l'usage de réunir, dans le
même local, les asiles aux écoles. Ainsi
dans l'asile, on reçoit les enfants de 3 à
7 ans, et dans l'école de 7 à 14 ans.

Les maîtresses ont un traitement propor-
tionné aux dépenses et à la cherté de la vie
locale et qui m'a paru suffisant.

Il y a généralement une directrice, une sous-directrice qui sont appointées, des aspirantes qui font gratuitement leur service, et une femme de peine qui sert de cuisinière pour la préparation de la soupe de midi que mangent également les femmes de l'asile. Je crains qu'il n'y ait en cela quelques petits abus. Raison de plus pour supprimer la *minestra*.

Le logement de Livourne se compose de deux salles d'étude, d'un vestiaire, d'un réfectoire, d'une cuisine, d'une chambre pour la directrice, d'un préau.

Le loyer est de 1,123 fr., et cela est assez cher pour une ville d'Italie.

Encore les salles manquent-elles d'ouvertures spacieuses et d'un appareil ventilatoire.

    L'asile renferme. . .   160 enfants.
    L'école   —   . . .   60   —
                             ____
                             220 enfants.

Les enfants apportent leur pain et reçoivent une soupe à midi.

En 1846, la fourniture de la soupe a coûté 2,646 fr.

Les enfants sont très-bruyants, un peu semblables à la ville où une foule d'étran-

gers s'agitent et se remuent. Il n'en est
pas de même à Pise.

PISE.

Pise a deux salles d'asile, l'une de garçons qui contient 180 enfants, l'autre de
filles qui en renferme 240.

A l'imitation de plusieurs autres villes,
et par mesure d'économie, il y a trois classes dans le même lieu.

La 1re classe a les enfants de 2 1/2 à 6
La 2e classe   --   de 6   à 10
La 3e classe   --   de 8   à 15

Ils arrivent à huit heures du matin et
s'en vont à la chute du jour.

Il y a une maîtresse et une aide par chaque classe, et une servante, ainsi qu'une
cuisinière par salle d'asile.

On donne la soupe aux enfants, et ceux-
ci apportent leur pain.

La soupe revient à 4 cent. la portion.

Ainsi, la Société des asiles dépense, en
soupes seulement, plus de 5,000 fr. par an.
On se demande à quoi bon nourrir ainsi
des enfants de plus de 6 ans, et le personnel assez nombreux du service et de l'enseignement, et ne vaudrait-il pas mieux établir,

avec cet argent-là, quatre asiles de plus dans les quartiers où la population abonde?

Le logement est gratuit pour les filles, il est fourni, je crois, par la grande-duchesse, qui séjourne habituellement à Pise, une partie de l'hiver.

Le logement des garçons est de 480 fr.

Les asiles sont ouverts depuis 1833.

Ils sont régis par une Société de souscripteurs, au nombre de 250, qui versent dans la caisse une annuité de deux écus, soit 12 fr On y ajoute le produit d'une loterie qui donne 1,200 fr., celui de quelques concerts et une collecte du jour de l'an, étrenne des étrangers que la douceur du climat attire en foule à Pise. Je crois qu'on pourrait mieux employer son argent.

La Société d'exécution, outre les fondataires, se compose de 16 dames inspectrices, de 4 inspecteurs, d'un trésorier, d'un secrétaire.

LUCQUES.

Lucques, ancienne petite république, depuis duché, vient d'être réunie à la Toscane. Elle compte 25 mille âmes, et n'avait encore qu'une salle d'asile pour les filles.

On en prépare une seconde pour les garçons.

Comme à Pise, il y a trois classes con-
duites par une surintendante, trois maîtresses, une servante et une cuisinière.

La 1re classe a. . . . .   20 enfants.
La 2e   —   . . . . .   35 —
La 3e   —   . . . . .   45 —
                          ———
                          100 enfants.

On donne la soupe à midi, et les pauvres
n'apportent pas même de pain. A Lucques,
la soupe reviendrait à 7 cent. 1/2 : c'est
peut-être parce qu'elle est plus abondante
qu'à Pise, ou parce qu'il y a moins d'enfants.

On donne pour raison que l'appât de la
nourriture attire les enfants à l'asile.

La surintendante reçoit par an 500 fr.,
et les autres maîtresses en proportion.

L'asile n'a rien ni du gouvernement ni
de la ville.

Le logement qui se compose de 8 cham-
bres, y compris la cuisine, coûte par an
450 fr.

Les petites filles portent un tablier blanc
qui se noue par derrière, et qui peut coûter
50 cent. Ceci donne à toute la classe un

aspect propre et gai à l'œil. Elles sont obligées de veiller sur elles-mêmes avec plus
de soin, et il n'y a pas de mal à cela.

Les dames de Lucques ont envoyé 150
paires de bas et des étoffés pour les enfants.

La dépense se couvre à l'aide d'une souscription et du produit d'une loterie.

J'y ai remarqué une disposition de bancs
circulaires, qui appelle mieux la lumière
et qui permet à la maîtresse d'embrasser
plus aisément l'ensemble de la classe.

Les enfants subissent, dans les trois villes
dont je viens de parler, l'influence du climat et des habitudes locales.

* Plus vifs et plus turbulents à Livourne,
plus doux à Lucques, plus tranquilles encore à Pise. .

FLORENCE.

Florence a 120,000 âmes.

Une Société particulière régit et entretient, à l'aide de souscriptions, de concerts
et de loteries, 3 salles d'asile, dont une de
filles et deux de garçons.

Il y a comme à Pise 3 classes dans le
même local, de 3 à 5 ans, de 5 à 8, de 8

à 16 ans. Ainsi, l'éducation y est à la fois *asilière, primaire* et *professionnelle.*

La 1re classe renferme. . .   86 filles.
La 2e   —   . .   60 —
La 3e   —   . .   20 —
                                        ———
                                        166

Il y a   1 inspecteur.
        12 inspectrices.
         3 maîtresses.
         3 sous-maîtresses.
         2 servantes.

Les maîtresses touchent 9 et 10 piastres par mois.

Les sous-maîtresses, 6 piastres par mois.

Les servantes, 1 *lire* par jour.

Le local, ancien couvent, a été donné par le gouvernement.

Les enfants apportent leur pain et reçoivent la soupe.

Les parents fournissent à leurs filles des tabliers de couleur.

Il y a trois aspirantes.

Ce personnel est trop nombreux. Du reste les soins sont actifs, les méthodes bonnes, les maîtresses intelligentes, les enfants dociles.

En parlant de Florence, je ne puis pas-

ser sous silence l'asile privé du prince Demidoff, dont le marquis Torrigiani, jeune
homme du plus grand mérite et d'un admirable dévouement, est le directeur béné-
vole et absolu. Cet asile, qui coûte 9,000 fr.
par an, fait l'étonnement et le plaisir des
étrangers. Depuis douze ans, le marquis Torrigiani l'étudie, le gouverne, le soigne, le
perfectionne avec un zèle de tous les jours
et une intelligente observation qui porte
sans cesse des fruits nouveaux.

Je crois superflu de dire que le choix
des maîtresses, des salles d'études, le
préau, la cuisine, le réfectoire et la disposition des classes sont parfaits. Le marquis Torrigiani a fait peindre à l'huile (ce
qui frappe mieux la vue des enfants que
des lithographies noires et même coloriées)
une suite de petits tableaux où sont figurés
les actes et personnages principaux de
l'histoire sainte. Chaque maîtresse fait là-
dessus aux enfants une explication et des
récits qui se gravent dans leur mémoire.
Un ordre du jour suspendu à la muraille
(*orario*) indique ponctuellement les tra-
vaux de chaque jour de la semaine et guide
les maîtresses.

De véritables tableaux, appendus dans

la salle de l'École primaire, instruisent les jeunes enfants qui sortent de l'Asile et ils y reçoivent des leçons de dessin, de coupe de pierres et de simple architecture. D'autres ateliers d'imprimerie, de cordonnerie, de soierie et de différents états professionnels, sont ouverts dans la maison aux enfants provenus de l'asile qui manifestent leur goût pour l'un d'eux. On les a pris presqu'en naissant, et, par une prévoyance ingénieuse, on complète là leur apprentissage. Rien n'est négligé pour qu'ils ne prennent des êtres, des choses, des arts, que des idées nettes et exactes, et successivement, sans trouble ni confusion de mémoire. Ainsi, l'on place sous leurs yeux, à mesure qu'ils peuvent les comprendre, les objets des trois règnes de la nature, le végétal, le minéral, l'animal. On lient ces divers objets dans des armoires séparées; chaque armoire a son casier. On y voit des épis de blé, d'orge, de froment, des herbages, des légumes, des fruits. On les nomme devant eux, on les leur montre, on les décrit. Ils s'accoutument à les distinguer, à les reconnaître, à les dénommer eux-mêmes et tout de suite. Pareillement, des échantillons de pierres, de terres, de

plâtres, de marbres, de soufre, de métaux
d'or, de cuivre, de plomb, d'argent, des
bitumes, y sont classés dans un ordre méthodique. On les leur fait toucher, on en dit
l'origine, on en explique brièvement la
transformation, et l'application aux divers
usages de la vie.

Il en est de même des animaux empaillés
et représentés aux enfants, tels que la nature les a faits, moins la vie. Ils savent
leurs noms, leurs mœurs, leurs instincts,
leur manière d'être, leurs qualités, leurs
dangers.

Aux enfants de l'École primaire, on dé-
couvre l'anatomie de l'homme intérieur, la
composition des corps, le jeu des organes,
leur place, leurs fonctions, leur économie.
On fait assister l'homme devant eux, étude
sérieuse et qui les force à méditer. Les
leçons de mécanique complètent leur enseignement. On fait jouer à leurs yeux les
rouages des machines. On leur décrit le
mécanisme des montres, des moulins, des
bateaux à vapeur, des locomotives, des
métiers à filer, à tisser, à fabriquer les
draps, les toiles, les étoffes. Cela s'enseigne
comme par récréation, sans effort et sans
contrainte.

Je crois que notre ministre de l'instruction publique ferait bien d'exciter d'abord les grosses municipalités, puis les petites, chacune selon ses ressources, le nombre des enfants et le degré plus ou moins élevé de l'instruction, à se procurer de pareilles collections des trois règnes de la nature. Il n'y a pas d'écoles assez étroites pour qu'on n'y puisse pas placer une ou deux armoires qui renfermeraient ces objets-là, et rien ne serait plus intéressant ni plus solidement instructif pour les enfants de la ville et de la campagne.

Cette étude-là est même beaucoup trop négligée dans l'instruction des collèges de l'Université et dans les autres pensions secondaires.

C'est aussi à Florence et dans l'établissement Demidoff que j'ai vu des bains à ras de terre, disposés pour l'été et pour l'hiver. On fait bouillir une décoction des feuilles amères du noyer, que l'on répand dans l'eau du bain avec du sel. Les enfants de Florence, naturellement lymphatiques et scrofuleux, s'en trouvent fortifiés ; leur peau s'assouplit et prend du ton.

Je désirerais (et je le proposerai à notre gouvernement) de faire faire l'essai de quelques bains, soit à Paris, soit dans d'autres villes de France, d'abord pendant l'été. 12 ou 15 enfants du même sexe peuvent être à la fois plongés et lavés dans des bains d'eau pure ou médicalement préparée, et ensuite ils seraient frottés, massés, brossés selon les indications du médecin de l'asile. Il n'y aurait pas de meilleur moyen hygiénique. En hiver, avec de certaines précautions, plus rarement, avec un peu plus de dépense, et selon les lieux et les climats, on pourrait tenter l'expérience des bains chauds, qui réussiraient également bien, j'en suis persuadé. J'appelle ici, et plus loin dans mon résumé, sur l'innovation que je propose, la sérieuse attention du ministère.

FERRARE.

Ferrare, grande et spacieuse ville qui ne contient que 20,000 âmes de population, suit le mouvement lent de Rome.

Il n'y a été fondé qu'une salle d'asile, qui languit.

On y arrange une autre classe dans un ancien couvent donné à la Société des souscripteurs par le cardinal-archevêque, homme très-instruit, bon prêtre, esprit progressif et sans préjugés.

On dispose, dans ce local nouveau, de vastes salles et préaux qui contiendront 120 filles et 120 garçons, séparés d'abord entre eux, puis divisés chacun en deux classes, les grands et les petits, avec une maîtresse qui recevra 34 fr. par mois, une sous-maîtresse et une aide, toutes logées et à l'aise.

Comme on le voit, il y a double emploi de maîtresses; c'est une organisation mal entendue.

J'ai proposé de mettre et d'accommoder pour le soir, dans les bâtiments du nouvel asile, un *ouvroir-veillée* pour 25 vieilles femmes et pour leurs petites filles, qui y trouveraient *feu*, *lumière*, *travail* et *compagnie*.

On les ferait *dévider* et *filer le chanvre,* ou on les emploierait à toute autre occupation lucrative dans un pays qui manque d'ouvriers.

Un poêle coûterait.	15 fr.
Les tuyaux.	9
Une lampe astrale à deux becs.	15
	39 fr.

L'huile coûte à Ferrare 8 baïoques le litre.

Le bois coûte moitié moins cher qu'en France.

La veillée-ouvroir durerait 5 mois d'hiver, et de 5 heures du soir à 9 ou 10.

On indemniserait la *gardienne*, qui serait, à tour de rôle, l'une des maîtresses ou sous-maîtresses.

MODÈNE.

Je m'étais détourné exprès de ma route pour visiter les salles d'asile de Modène, ville de 25,000 âmes, mais il n'y en a pas. Modène est encore enfouie dans les préjugés théocratiques les plus invétérés.

Cependant je dois dire qu'on y a suppléé par une maison spécialement consacrée aux filles pauvres. Elle est tenue par 30 religieuses. Elle a été libéralement fondée par le grand-duc. Elle est neuve et en parfait état.

On y reçoit 500 filles pauvres, dont 26 pensionnaires qui payent 15 fr. par mois, ou 50 c. par jour ; c'est une quasi-charité.

50 autres pensionnaires sont reçues de 6 à 10 ans. Elles restent dans la maison

jusqu'à 18 ans, et couchent dans un bâtiment séparé sous la garde de plusieurs religieuses.

Les autres enfants sont amenés le matin et ramenés le soir chez leurs parents.

Tout est dallé en pavés marbrés, proprement lavés et blanchis.

Les religieuses sont zélées, instruites et complaisantes.

Tous ces enfants sont beaucoup plus laids que chez nous. Il faut les voir pour comprendre combien la misère, supportée séntir de géfération en génération, et tournée en excès et en débauche, déprime, énerve, abâtardit les races. Prenez cinq cents filles de parents aisés et mettez-les en comparaison : quelle beauté et quelle laideur ! quelle difformité et quelle élégance ! Dieu a-t-il donc voulu qu'il y eût tant de pauvres et disgraciées créatures ? Il y a là un grand problème à résoudre. Puissent tous les hommes de bien y travailler ! C'est l'honneur et le devoir des riches.

J'ai proposé d'ouvrir des conduits d'air dans certains dortoirs et dans certaines classes.

J'ai proposé aussi de donner des tabliers

soit blancs, soit de toile ou coton rayé, à chacune de ces enfants.

Les plus grandes tailleraient à pleine pièce et coudraient les tabliers de leurs compagnes. J'aime mieux des tabliers blancs, cela réjouit mieux la vue; cela, à la vérité, est plus salissant, plus tachant, mais cela aussi accoutume à se regarder pour être plus propre. J'ai demandé que dans la grande chambre des plus petits enfants, on établît une salle d'asile. On a mis ensemble les enfants de 3 ans et de 8 ans. Cela ne peut aller du même pas des jambes ni de l'intelligence : ou les petits n'avancent pas assez, ou les grands reculent trop. 30 religieuses, c'est peut-être beaucoup; une femme pour 17 enfants, pour moins ! On n'a qu'à prendre 2 sœurs pour l'asile, elles y pourront suffire. La salle peut s'accommoder à tous les enseignements et exercices des asiles.

Rien n'empêcherait ces bonnes religieuses de recevoir les petits garçons de 3 à 6 ans, avec les filles du même âge.

J'ai proposé de faire mieux peigner les filles; rien au monde ne choque plus les regards et n'est plus sale qu'une fille mal peignée. L'usage de l'Italie est de laisser les filles tête nue ; elles ne portent pas de bonnets ; elles doivent à cet usage d'avoir des cheveux longs et épais, mais encore les faut-il peigner !

Cette observation a beaucoup frappé les dames inspectrices, qui l'approuvèrent, et, à ma seconde visite, je m'en aperçus bien.

BOLOGNE.

Bologne, seconde ville des Etats de l'Eglise, et peuplée de 80 mille habitants, est, que je sache, le seul endroit papal qui jouisse en ce moment d'un asile.

Il y a très-peu de temps qu'une Société de souscripteurs l'a fondé. On donne 210 écus par mois ; à ce compte, ce serait plus de 15,000 fr. par an. Avec cette somme, nous fonderions en France 10 asiles au moins.

Le seul asile existant aujourd'hui à Bologne ne renferme que 50 garçons et point de filles. C'est toujours le même préjugé contre la communauté des sexes, et à Bologne, ville du nord, ce préjugé est moins raisonnable encore qu'ailleurs.

Les enfants sont plus vifs et plus robustes à Bologne qu'à Florence.

On leur donne la soupe à midi ; on les reçoit depuis l'âge de 2 ans jusqu'à 5.

La salle d'études est au premier étage ; ce qui est peut-être plus salubre, pourvu que les planchers soient solides. Les règles d'une bonne ventilation ne m'ont pas paru observées.

Les maîtresses ont beaucoup de soin des enfants, comme à peu près partout en Italie.

Bologne est une ville riche, éclairée, résolue, et les salles d'asile y profiteront. Elles ne font que d'y naître.

VENISE.

Venise, la seconde capitale des États lombards, est une cité très-vaste, très-sinueuse et très-peuplée, où il est nécessaire de multiplier les asiles.

Elle n'en a pourtant que cinq, régis par une Société de souscripteurs.

Leur organisation m'a paru défectueuse. Les enfants manquent de surveillance : l'air et le jour n'entrent pas assez abondamment dans les salles. Je ne crois pouvoir mieux rendre compte des impressions que j'ai reçues, qu'en reproduisant les principaux passages d'une lettre que j'écrivis en quittant Venise, au directeur de la Société-mère :

« J'ai visité avec intérêt les deux principales salles d'Asile.

» Voici quelques observations que je prends la liberté de faire.

» 1° En thèse, la salle d'asile n'est que le premier degré de l'instruction primaire. Si donc la charge de l'éducation primaire incombe naturellement à la ville, elle doit se charger des asiles et, par conséquent, du logement et du salaire des maîtresses, sauf la *minestra* qu'on peut laisser au zèle aumônier des particuliers. L'ardeur des souscriptions peut se ralentir et tomber. Les établissements si précieux de la première enfance, ne peuvent être livrés à la discrétion des actionnaires. C'est à ceux-ci à leur donner l'élan et c'est à la municipalité à leur succéder définitivement.

» 2° Je n'approuve pas la séparation des sexes pour l'âge de 2 à 6 ans ; à cet âge, il n'y a pas encore de sexe. La salle d'asile est l'image de la famille où la mère réunit autour de soi et tient, en quelque sorte, sous sa couvée, ses petites filles et ses petits garçons. Il s'établit, dans nos asiles mixtes de France, plus d'émulation. La réunion permet d'avoir plus d'enfants du même âge sous la main. Plus il y a d'enfants, plus l'asile est nombreux et homogène, et plus l'attention de la classe se soutient, plus la ma-

nœuvre est facile. Qu'on veuille bien peser toutes ces raisons.

» 3° Je ne saurais approuver la réunion dans
la même salle et sous la même maîtresse, des
enfants de 2 et de 4 ans mêlés à des enfants
de 7, 8 et 9 ans. Les petits enfants ne
vont ni du même pas que les grands, ni du
même esprit. C'est vouloir, qu'on me passe le
mot, assembler au même attelage un cheval
fait et un poulain.

» Quand je suis entré dans la salle, la division des grands était alerte et éveillée, et la division des petits dormait, d'un commun accord,
du sommeil le plus profond et le plus innocent.
Ils ne se sont retournés à droite, que pour se
rendormir à gauche. A la place des grands,
mettez-moi une division de petites filles de 2
à 6 ans, et vous verrez comme la classe mar-
chera ! Rien n'empêche de faire cet essai, vous
les avez tous sous la main dans le même asile.

» 4° J'ai trouvé qu'il y avait un peu d'odeur
et je recommande d'ouvrir les fenêtres et de
pratiquer sous le plancher des conduits d'air
extérieur qui s'ouvriraient dans la salle par des
plaques grillées. Ce sont des bains d'air, qu'on
doit ajouter aux bains d'eau salée où il faut
plonger et nettoyer, à grand lavage, les enfants
des deux sexes.

» 5° Ne fournissez la *minestra* qu'aux plus
pauvres, et si même vous pouviez obtenir des
mères qu'elles prissent, à cet effet, et vous don-

nassent un sou par jour, vous auriez fait là une chose excellente. Car il est bon que la mère gagne et travaille pour son enfant, qui doit travailler et gagner pour elle, à son tour. Resserrons, tant que nous pourrons, les liens de la famille dans un temps où l'on cherche à les dissoudre, et n'oublions pas que le devoir de nourrir ses enfants est l'obligation la plus naturelle et la plus sacrée que Dieu ait imposée aux mères, et que, sans le sacrifice, il n'y a pas de vertu.

» 6° Je voudrais que les maîtresses reçussent une pièce de mérinos noir pour se faire une robe, et qu'elles attachassent à cette robe une ceinture de couleur voyante. Il faut prêcher d'exemple aux enfants, l'ordre, la décence, la propreté, la bonne tenue.

» 7° Je désirerais que dans un pays où les enfants vont nu-tête, les petites filles eussent les cheveux bien lissés, bien peignés, bien retenus et non point hérissés et flottants, comme si elles sortaient de leur lit.

» 8° Je crois enfin qu'avec une pièce de calicot, on pourrait leur fournir des tabliers blancs à bavette, noués derrière le dos et passés sur les deux épaules. Ces tabliers couvriraient leurs robes en loques et donneraient à toute la classe un air de propreté et de fête. Les enfants veilleraient avec plus de soins sur elles-mêmes, de peur de tacher la blancheur de leur surtout. Les visiteurs seraient plus charmés de les voir;

il ne faut jamais ravaler le pauvre à ses propres yeux, ni aux yeux des autres. Il faut, au
contraire, le relever et lui faire aimer ce qui
est propre, net et rangé.

» En résumé, il y a encore beaucoup à faire
pour les asiles de Venise et je doute fort qu'ils
soient exactement visités par les dames inspectrices. C'est pourtant là un devoir impérieux,
et on ne saurait trop le leur rappeler. Où trou-
veront-elles un temps mieux employé ? Où fe-
ront-elles un acte plus agréable à Dieu, que de
visiter ces pauvres petites créatures dont elles
ont consenti à être les secondes mères ? C'est à
elles surtout que je prends la liberté de confier
ces observations et que j'aurais très-respectueu-
sement adressé mes reproches, si j'avais eu l'honneur de les y rencontrer. Venise est au-dessous
de Pise et de Florence, pourquoi ? Les fonds
sont plus abondants, la charité est aussi grande.
Il ne faut qu'un peu plus de vigilance et d'assi-
duité.

» Venise, ce 7 novembre 1847. »

PADOUE.

J'ai visité les salles d'asile de Padoue.

Il y en a deux de garçons qui contiennent
107 enfants.

L'établissement a été fondé par une Société de souscripteurs. La ville ne donne que son appui moral.

La maîtresse et l'assistante sont deux religieuses du tiers-ordre de Saint-François.

Il n'y. a qu'un prêtre inspecteur et point de dames visitrices. En général, les religieuses souffrent assez impatiemment la surveillance des femmes du monde, et même des hommes laïques. C'est peut-être pour cela que les Sociétés de souscripteurs ne les emploient guère. Ils préfèrent aussi de jeunes filles aux femmes mariées, que les soins intermittents de la gestation, de l'allaitement et de la maternité, peuvent détourner des soins toujours actuels, pressants, absorbants, continuels d'une salle d'asile.

Les enfants déjeunent chez eux et reçoivent la soupe à midi. Ils sont doux, dociles, intelligents. La salle manque un peu d'air, reproche qu'on peut adresser partout aux salles d'asile.

Les maîtresses (religieuses), après la classe, retournent à leur couvent.

J'oubliais de dire que les enfants chantent en chœur un hymne en l'honneur de l'empereur d'Autriche et qu'ils battent le tambour en cadence avec leurs mains. Ils s'en acquittent très-bien, et comme de vrais petits Autrichiens qu'ils ne sont pas.

Un médecin les visite.

Les salles sont bien boisées et bien planchéiées.

Il y a cour et préau.

VICENCE.

La commune donne le logement.

Les enfants déjeunent chez leurs parents et reçoivent à midi une soupe de riz.

La même maison reçoit en deux salles d'asile 120 garçons et 80 filles.

Les frères ne sont pas de la sorte séparés de leurs sœurs.

Deux religieuses de Sainte-Dorothée tiennent l'asile des filles et touchent par mois :

La directrice . . . . . . 30 fr.
L'assistante 15
La servante 9

Les petites filles plus âgées écrivent et font des ouvrages d'aiguille. C'est un milieu entre la salle d'asile et l'école primaire.

VÉRONE.

Vérone, grande ville de 65,000 âmes, a deux asiles qui datent de 1836 et qui contiennent 150 filles et 240 garçons, en tout près de 400 enfants.

On les reçoit depuis 3 ans jusqu'à 7.

On leur apprend à lire, à écrire, à dire leur prière, à travailler; ils chantent, ils calculent.

Les filles tricotent.

On entre à 8 heures et on sort à 4.

L'asile se régit par une Société de sous-cripteurs.

Le loyer coûte 500 francs.

L'asile a pour directeurs l'évêque et un chanoine.

Il y a, en outre, trois inspecteurs, mais pas de dames visitrices. Même remarque que pour Padoue. Les prêtres n'aiment pas qu'on partage leur autorité. Ils sont exclusifs.

Il y a deux maîtresses par école.

La maîtresse reçoit par an.   324 fr.

La sous-maîtresse.   216

La servante.   130

Les enfants apportent des fruits et du

páin, et on leur donne, à midi, une soupe au riz, aux pâtes, aux haricots. Chaque portion revient à 5 c. ; c'est à peu près 5 c. par toute l'Italie, et la dépense est grosse. Elle monte ici à 5,000 fr. ; on aurait à ce prix plusieurs asiles.

L'asile de Sainte - Marie a des plafonds trop bas; l'air circule mal, le jour n'est pas assez clair.

Il y a certains asiles en Italie où chaque garçon met sa blouse en entrant, et chaque fille son tablier bleu.

Autant que cela est possible, il ne faut pas laisser les enfants jouer dans le vestiaire, lieu renfermé où leurs pieds soulèvent la poussière et qui se remplit d'émanations malsaines. Il faut les laisser s'ébattre dans un préau, à l'air libre.

MANTOUE.

Je me suis détourné de ma route tout exprès pour voir les asiles de Mantoue.

L'asile Saint-Egidio contient 90 garçons et 80 filles; total, 170.

C'est la première fois que je vis en Italie les deux sexes réunis. Il est vrai que Mantoue fait partie des États-Autrichiens, et

qu'ils tolèrent, s'ils ne favorisent pas beaucoup, les éducations qui n'entravent pas
leur gouvernement politique, telles que l'é-
ducation primaire, les salles d'asile, les ou-
vroirs, les établissements de charité. Les
États-Lombards sont à beaucoup près plus
éclairés, plus intelligents et plus réguliers
que les États de l'Italie méridionale. On reçoit dans l'asile Saint-Egidio, dirigé par
une Société de souscripteurs, les filles et
garçons, depuis l'âge de 2 ans et demi à
6 ans.

Le loyer de l'établissement est de 350
lires. L'asile est vaste. Il y a deux belles
salles, un beau jardin qui sert de préau, et
un autre immense préau couvert pour la
pluie; il faut dire que c'est un ancien couvent.

Les enfants chantent bien. Ils sont plus
vifs que dans l'Italie centrale.

Le personnel se compose de :

    1 maîtresse à. . . . .   400 lires
    2 sous-maîtresses à. .   250
    3 adjointes à.   100
    1 cuisinière à.   120

Celle-ci sert de portière, et elle est logée
et nourrie. Il y a de plus 12 dames visitrices.

Les enfants mangent, à une heure, une soupe, tantôt au riz, tantôt aux pâtes.

On évalue la soupe à 4 c. par jour, et la dépense totale de chaque enfant à 11 c., ce qui donnerait, pour l'année pleine et le chiffre plein aussi des enfants, une dépense de 11,340 fr. Défalquez les dimanches et jours de fête, et les manquants, et vous aurez une dépense de plus de 8,000 fr.; c'est trop cher.

On y fait un peu de gymnastique, mais pas assez, comme dans toute l'Italie. La chaleur du climat abat les esprits, et les violents exercices du corps y sont peu en goût et en honneur.

J'ai proposé de créer dans le préau couvert, une grande baignoire où 15 à 20 enfants seraient à l'aise. On a l'eau en abondance. Rien n'est plus utile que ces bains chauds et froids, pour la santé des enfants du Midi spécialement. On sait le parti hygiénique et fortifiant que les Romains, anciens maîtres de ces contrées, tiraient des bains publics et domestiques. Les maisons découvertes à Pompeï contiennent toutes des salles de bain avec leurs appareils, leurs conduits, leurs chaudières, leurs siéges circulaires de marbre, etc.

Le second asile de Mantoue, ville de 28,000 âmes, l'asile *Stabili*, contient 74 garçons et 50 filles ; total, 124. Il est établi depuis six ans.

On apprend aux enfants, qui y sont reçus depuis 2 ans et demi jusqu'à 7, à lire, écrire, compter, prier, travailler, tricoter.

Il est dirigé, entretenu par une société, à l'aide de souscriptions, de loteries et de représentations théâtrales.

Le local a été gratuitement fourni par le marquis Carini. Le directeur-fondateur est le célèbre Aporti.

Il y a six dames inspectrices.

Les enfants sont doux, dociles, intelligents, les garçons plus que les filles.

Une maîtresse non mariée reçoit 25 lires par mois.

Une seconde maîtresse, 16.

La servante, 12 et le logement.

Les enfants apportent leur pain, et mangent leur soupe à midi.

La dépense, répartie par enfant, est de 12 c.

MILAN.

Cette grande ville a 8 asiles. A 10,000 âmes par asile, il en faudrait ici 17, 20 à Rome, 11 à Florence, 10 à Turin, 8 à Boulogne, plus de 40 à Naples. On est donc, en Italie, d'après cela, fort loin de compte.

Les asiles de Milan datent de 1836. L'asile dont je vais parler, celui de *San Francisco*, contient 150 garçons et filles, en pareil nombre.

On les reçoit de 2 à 6 ans.

On leur apprend à lire, écrire, calculer, prier et chanter.

Ils font un peu de tricot et de cordonnet.

Ces enfants m'ont paru fort doux, attentifs et d'une bonne santé.

La Société de l'asile recrute ses fonds au moyen d'une souscription d'actions de 6 *lires*. Elle a 2,000 actions souscrites, outre le produit des loteries et théâtres, etc.

Et, de plus, l'établissement possède un patrimoine qui se compose de rentes et de maisons provenant de donations et de testaments.

Le marquis Beccaria préside la Société.

Il y a 6 inspecteurs et 14 dames visitrices.

La 1re maîtresse reçoit. . .   50 *lires.*
La 2e   —   . . .   33 —
La 3e   —   . . .   33 —
La 4e (aspirante)   . . .   rien.
Deux servantes. . .   15 à 77 chacune.

On donne aux enfants, à midi, une soupe au riz ou aux pâtes.

Ils apportent leur pain.

Chaque portion revient à 5 cent.

C'est par hasard, car on ne me le disait pas, que je sus qu'il existait depuis peu à Milan deux asiles-payants, les seuls de l'Italie, et cela prouve combien cette ville, de 170,000 âmes, si riche d'ailleurs et si florissante par l'agriculture qui l'environne et par les arts du commerce, est plus avancée en civilisation que le reste de l'Italie.

Ces deux asiles *payants* sont conjoints (quoique séparés) à deux asiles *gratuits,* et l'on ne rencontre guère qu'en Italie de ces facilités-là, à cause de l'appropriation des couvents supprimés ou devenus domaniaux par abandon.

Je crois devoir entrer ici dans quelques détails, parce qu'à proprement dire, il n'existe point encore d'asile *payant* en France, et que l'Italie a eu sur nous le pas.

L'asile-payant de Saint-François est situé au premier étage d'un vaste couvent que le gouvernement ne loue pas même 500 fr., et dont le bas sert de local à l'asile-gratuit. Les jardins, le cloître, les préaux d'hiver et d'été, ainsi que les salles d'étude et les vestiaires, sont grandement et salubrement disposés.

L'asile est sous la direction de l'abbé Ambrozzoli, homme de très-grand mérite et à vues progressives. Il contient 100 garçons et 25 filles, sans séparation de sexes.

Tous ces enfants appartiennent à des familles de peintres, d'employés, de négociants, de nobles, de propriétaires et notables habitants.

Ces enfants payent 6 *lires* autrichiennes (environ 5 fr.) par mois.

Le payement se fait quatre mois d'avance à cause des vacances, des maladies, des petits caprices de la mère ou de l'enfant. Sans cela, on ne pourrait pas compter sur une rentrée certaine.

Les enfants sont très-doucement tenus et comme en famille.

La salle est grande, aérée, chauffée avec un poêle.

On reçoit les enfants de 2 1/2 à 7 ans.

On leur apprend à lire, à écrire élémentairement, à prier, à chanter, à faire les quatre règles.

Les filles tricotent, cousent, ourlent et marquent.

La classe est ouverte de 8 heures à 4 et 5.

Lorsque j'y entrai, je vis une enfant de 7 ans, toute élégante et toute gentille, qui, debout, les mains jointes, faisait tout haut les prières de midi et les autres enfants y répondaient en chœur. Je demandai à qui appartenait cette gracieuse jeune fille, et l'on me répondit que c'était la petite comtesse Bassi.

D'autres garçons et filles, qui se trouvaient là, étaient des premières familles du pays. En Italie, il y a plus d'aristocratie d'apparence que chez nous, d'emblèmes, d'écussons, d'armoiries, de qualifications sonores. Mais il y en a moins au fond des cœurs, et la jalousie des rangs n'y est pas implacable et dévorante comme en France. Ici, un duc, un comte, un marquis répugnerait fort à ce que son fils siégeât côte à côte du fils ou de la fille d'un pharmacien, d'un épicier en gros, d'un marchand de suif, d'un charcutier, quelquefois plus riche que lui.

Les asiles-payants ont cela de bien qu'ils mêlent et fondent les classes, et qu'ils les accoutument à des égards et à une bienveillance mutuelle les unes pour les autres. Ensuite, ils arrachent les enfants aux sucreries, aux gâteries et aux gronderies de la maison maternelle et rendent les enfants plus disciplinés, plus dociles, plus attentifs, moins orgueilleux, moins égoïstes, meilleurs.

L'asile est conduit par une maîtresse qui reçoit 600 *lires*, par trois sous-maîtresses qui en reçoivent 400 et par une servante qui a 240 *lires* de gages.

Le loyer et les maîtresses sont payés sur le produit de la rétribution.

L'autre *asile payant*, celui de *Saint-Lazare*, est situé dans un quartier moins central. C'est le curé de la paroisse qui fournit charitablement le local des pauvres.

Les enfants y apportent du pain et déjeunent avant d'entrer à l'école. On n'a pas besoin ainsi de cuisine ni de cuisinière.

S'il y a du pain de surplus, on le distribue à l'école des pauvres.

Les enfants de cet asile ne payent, je crois, que 4 fr. au plus par mois et d'avance, et en outre le prix de l'encre, des plumes et du papier qui leur sont fournis.

Les petits garçons portent des blouses de mérinos bleu en hiver, et en été de fil écru.

Et les filles portent un tablier blanc en coton, lavé à la maison maternelle.

Cet asile a.	74 garçons.
—	. . . .	23 filles.

Total. . .	97

Le local n'est pas aussi grand que celui de Saint-François; aussi sépare-t-on, et uniquement pour cela, les garçons des filles. Peut-être, lorsque la salle est pleine de monde, n'y a-t-il pas assez d'air; mais la chambre d'à côté est ouverte, chauffée et purifiée par le feu d'une cheminée.

Il y a deux maîtresses, deux assistantes et deux servantes. C'est du luxe de personnel, mais aussi les enfants sont parfaitement tenus et surveillés, et jamais on ne les perd de l'œil et du geste.

Les enfants entrent à 9 heures et sortent à 4, souvent plutôt lorsque les mères ou les parents les viennent querir.

Tout cela se passe en famille.

Le loyer est de 500 livres. On paye la rétribution scolaire 3 mois d'avance, et l'établissement se soutient et s'entretient avec ses propres ressources.

Les enfants ont un air de propreté, de santé et de bon contentement.

Je demandai et je pris la profession des parents d'une rangée de petites filles, dans l'ordre suivant :

Professeur,
Médecin,
Négociant,
Négociant,
Négociant,
Négociant,
Négociant,
Pharmacien,
Professeur,
Avocat,
Ingénieur,
Négociant,
Négociant,
Négociant,
Négociant,
Propriétaire,
Propriétaire,
Ingénieur,
Conseiller d'appel,
Pharmacien.

Les enfants du marquis Pallavicini et du

prince Belgiojoso, des premières familles d'Italie, étaient inscrits sur la liste.

NOVARE.

Novare a une salle d'asile où les filles et les garçons siégent ensemble sur les mêmes bancs ; il n'y en a pas de plus remarquable en Italie.

Elle contient 170 enfants pauvres, et 50 qui payent 7 fr. par mois; en tout 220 enfants.

La cité donne le logement.

Le préau, les salles, le jardin, le vestiaire sont vastes, exposés au midi et bien aérés.

La salle d'étude est peut-être la plus belle de l'Italie. Elle est garnie de figures, de tableaux et d'instruments.

Les lits de repos sont coussinés et matelassés.

La directrice reçoit 1,200 fr. ;

Et 5 aspirantes, 300 fr. ;

4 servantes touchent, par mois, 12 fr. ;

Et 2 autres, 8 fr.

L'asile est ouvert de 8 à 4 heures, et reçoit les enfants de 2 à 6 ans.

Les garçons ont des blouses rouges et les

filles des blouses bleu-rayé. On les laisse en sortant.

Les blouses sont numérotées sur le bouton.

Les enfants mangent à midi la soupe, qu'on évalue par portion à 5 cent.

Ils sont doux et intelligents.

On a mis en évidence dans la grande salle un tableau apparent, où figure une colonne sur le faîte de laquelle sont inscrits et recommandés à la reconnaissance des enfants, les noms des bienfaiteurs testamentaires de l'asile.

Le produit des rentes acquises à l'asile s'élève déjà à 1,500 francs.

Voilà certainement un établissement remarquable et qui offre des avantages signalés. Je demande à les résumer.

1° C'est une innovation qui rentre dans nos idées générales, que cet heureux mélange d'enfants pauvres et gratuits et d'enfants plus aisés et payants. Il est vrai que Novare est une ville de médiocre population, et qu'une rétribution de 3 lires par mois, n'établit pas une bien grande différence entre les pauvres ni entre les enfants. Néanmoins c'est un pas d'imitation à tenter.

2º Les salles d'asile de l'Italie ne parlent pas assez, par la représentation figurée d'a-nimaux et d'objets naturels, aux yeux et à l'imagination des enfants. A Novare, cela est bien différent.

3º Douze femmes, y compris les ser-vantes, c'est un personnel trop nombreux d'enseignement. A Paris, le même nombre d'enfants est parfaitement gouverné à la salle Saint-Antoine par une maîtresse, une sous-maîtresse et une servante. Il est vrai que l'asile de Paris ne fournit aucune nourriture.

4º Le numérotage des enfants sur le bou-ton des blouses, est d'usage à Milan. Là. les enfants rentrent à la maison avec leur blouse ; et si quelqu'un d'entre eux s'éga-rait, on le ramènerait à l'asile et de là chez ses parents, au moyen du bouton indi-cateur.

5º Il est beau, il est bon, il est juste, il est encourageant d'offrir à l'estime publi-que et à la reconnaissance des enfants, le nom de leurs bienfaiteurs. Cet usage tou-chant et que nous devrions imiter, nous qui avons le mot de philanthropie beaucoup plus sur les lèvres que dans le cœur, est généralement répandu en Espagne et en Italie. Il excite, pour qu'on honore leur mémoire, la générosité des donateurs et des testateurs. Y a-t-il, en effet, un argent, de superflu (et tant mieux s'il touche au nécessaire!) qui soit plus utilement employé qu'au service, bien et soulagement des pauvres?

TURIN.

Il y a à Turin, ville de plus de 100,000 âmes, plusieurs asiles fondés par des Sociétés spéciales, et quelques-uns par des personnes bienfaisantes; le roi a le sien et la reine aussi : en tout sept.

L'asile n° 2, que j'ai visité, contient :

Garçons. 131
Filles. 90
___
221

Deux religieuses le dirigent avec une aide et reçoivent, outre le logement, 450 francs.

L'assistante, 300 francs.

Deux servantes, 20 francs par mois.

Il y a un directeur, vingt-cinq dames visitrices et un médecin mensuel.

La Société s'entretient à l'aide de souscriptions de 10 francs par année.

L'asile n° 3, que je vis aussi, contient 236 enfants des deux sexes, qui reçoivent la *minestra* et qui sont régis par trois maîtresses, deux servantes (et quatre assistantes qui n'ont pour paye que la *minestra*).

Les enfants sont propres, graves, expressifs, et les maîtresses les font manœuvrer avec zèle et succès.

Les salles sont chauffées par un poêle pendant l'hiver. On n'évalue qu'à 3 centimes la portion de la minestra, peut-être est-ce à cause du nombre considérable de ces petits mangeurs.

J'allai voir aussi l'asile privé de *Mazino*, qui renferme 140 enfants, et plus de garçons que de filles.

Il est tenu par 3 religieuses de la *Providence* et par deux assistantes. Les dames maîtresses touchent chacune 350 francs et, de plus, elles sont habillées, logées et nourries.

Les enfants reçoivent à midi, à la différence des autres asiles alimentés au bouillon maigre, un bouillon gras mêlé de riz et de petits morceaux de viande, ce qui est beaucoup plus nourrissant.

Les enfants y sont enseignés comme ailleurs. Un médecin et un chirurgien sont attachés à l'établissement, dont les frais sont exactement payés par une savante et vertueuse dame, dernier débris d'une illustre famille, la comtesse de Mazino. Cette excellente femme consacre chaque année 4,500 francs de son revenu, à cette bonne œuvre.

Un autre personnage de Turin, frère d'un célèbre écrivain, tient également à honneur et à devoir d'employer à l'enseignement des petits enfants pauvres, une partie de sa fortune. Il a formé de ses propres deniers, dans le même local, deux œuvres respectables, dont l'une est une *salle d'asile* pour les pauvres, et l'autre une École de petites filles qui comprend à la fois l'éducation, l'instruction, la professionnalité. Tout cela est gratuit, tout cela aux frais du marquis d'Azeglio.

Lorsque j'entrai dans la salle d'asile, il vint à ma rencontre, me salua poliment et me quitta pour continuer sa leçon. C'est lui, en effet, qui apprend aux enfants à chanter, qui chante, qui prie avec eux ; et il faut voir avec quelle attention ces 230 enfants suivent et accompagnent la voix de leur maître !

A peine entré avec lui dans l'École des filles, toutes se vinrent jeter au-devant de leur directeur, lui prenant les mains respectueusement et les lui baisant ; et une petite aveugle qu'il y a recueillie, ne voulait pas s'en détacher. Toutes ces figures, en le regardant, étaient souriantes et attendries. Il doit être bien heureux ! En sortant de cette école, les filles du peuple qui y ont fait leur apprentissage, peuvent travailler comme couturières, lingères, brodeuses, etc.

Chaque matin, cet homme admirable sort de son palais et va faire ses leçons à l'Asile des enfants, ses surveillances à l'École des filles ; et le soir il trouve encore le temps, le courage de tenir lui-même comme maître, lui accoutumé aux délicatesses du grand monde, une école d'adultes pour les petites filles du peuple, qui y arrivent avec les sales accompagnements de la misère.

Je vous demande un peu ce que nous sommes, ce que nous valons en comparaison de cette espèce de saint, nous autres qui n'avons pas la centième partie d'un tel dévouement ! Il y a de quoi en rougir. Il est vrai de dire, sans que cela nous excuse beaucoup, qu'il n'y a rien de pareil au marquis d'Azeglio en France, ni même en Italie où les miracles de la charité ne sont pas rares.

J'ai vu, en effet, à Bologne, c'était un prêtre et je ne sais pas son nom, et qu'importe son nom! Dieu le sait, il suffit; ce prêtre va ramasser dans les rues les filles égarées, perdues, abandonnées, laissées sur le pavé par leurs misérables parents. Il leur a ouvert, donné, arrangé sa maison et son jardin; il s'est associé de vieilles filles laïques, et de plus jeunes, mais infirmes, estropiées, rebutantes à la vue, qui se sont dévouées à l'œuvre de garder, de peigner, d'enseigner, de nourrir, d'habiller, de soigner, de faire travailler ces jeunes enfants, sans autre rétribution pour elles-mêmes que le logement et la nourriture. Quelle nourriture, et qu'elle est précaire! Tous ces pauvres gens et leur bon prêtre vivent à la grâce de Dieu. Qui leur fournit leur pain quotidien, leur viande, leur boisson, leurs légumes? Tantôt l'un, tantôt l'autre. C'est le boulanger, c'est le boucher. Ce prêtre est toujours en quête, frappant à toutes les portes, et il y en

a qui s'ouvrent ; et il ramasse les aumônes, et il recueille les enfants qu'il rencontre vaguant par les rues, exténués et
mourants, et sur le bord de toutes sortes
d'abîmes et de dangers ! Et cela dure depuis plusieurs années, et cela même pros-
père ; car j'ai vu qu'il bâtissait, d'un reste
de patrimoine à lui, des dortoirs qui lui
manquaient. Par exemple, la cuisine ne
m'a guère paru échauffée. Qu'elle est étroite
et qu'il en doit sortir une petite chère !
Enfin ça va, et n'est-ce pas que c'est beau,
saint, admirable ! Cela ne se loue pas et
s'imite encore moins.

Je m'arrête : il me semble que je ne
pouvais mieux terminer mon trop long
mémoire, qu'en reposant votre vue fatiguée
sur la vertu et les bonnes œuvres du marquis d'Azeglio et du prêtre de Bologne, et
je finis.

Les voyages et recherches que nous al-
lons faire à l'étranger sur des sujets d'utilité
publique, ne seraient qu'un objet de vaine
curiosité, si nous ne déduisions pas les
résultats de nos observations et de notre
expérience, dans l'intérêt pratique et posi-
tif des étrangers qui sont nos frères, et de
la France dont nous sommes les fils. Nous

devons compte, aux uns et aux autres, du peu que nous avons appris et de ce que nous croyons qu'il leur serait avantageux d'appliquer.

C'est dans ce sens que j'ai proposé et que je propose :

RÉSUMÉ.

1° De constituer des asiles - gratuits municipalement, en laissant à chaque cité ou commune, le choix des maîtres ou maîtresses, le local, les salaires, les méthodes, les conditions d'admission, le régime des écoles; et d'ouvrir à peu près autant d'asiles qu'il y a de fois 10,000 âmes au plus de population ;

2° D'instituer des inspecteurs à côté des dames visitrices, et en France un inspecteur général pour les vues d'ensemble et les résultats généraux de l'établissement ;

3° De supprimer avec ménagement et peu à peu tous les gardiennages, et à mesure qu'on installerait de nouveaux asiles;

4° De ne point séparer les filles des garçons, pour mieux ressembler à la famille, pour l'émulation des enfants, pour l'économie de l'œuvre, pour la commodité de l'aller et du retour des frères et sœurs ;

5° De ne pas admettre les enfants, si ce n'est par exception, avant l'âge de 3 ans ; ni après 6 ans, si ce n'est encore que les enfants soient les chefs de file et les moniteurs de leurs petits compagnons, l'assimilation des âges étant l'une des conditions les plus essentielles d'un bon asile.

6° De tenir les enfants durant le jeu et l'étude, dans ce milieu qui n'est ni de la roideur ni du relâchement, n'oubliant pas qu'ils ne sont ni des automates ni des hommes.

7° D'occuper plus, dans le choix des divertissements et des leçons, leur cœur que leur esprit ; de corriger leurs défauts et de développer leurs qualités, plutôt que d'exciter la vivacité de leur imagination ; de les accoutumer surtout à s'aimer entre eux et à se rendre, d'eux-mêmes, de l'un à l'autre, toutes sortes de bons petits offices, et pour tout dire, de soigner plus leur moralisation que leur instruction.

8° De veiller à ce que nul enfant n'entre en classe qu'avec les mains et le visage lavés et débarbouillés, les cheveux bien peignés, et les casquettes et bonnets sans grosses taches ni déchirures.

A ce qu'ils ne se prennent ni ne se gourment entre eux de jurements, de paroles grossières, de coups, de pinceries, de poussades et de meurtrissures.

A ce que les enfants pris de rhume, ou d'affection de peau, ou d'autre mal contagieux, soient refusés ou remis à leurs parents.

A ce que les visites des dames, des inspecteurs et du médecin, soient régulières.

A ce que les garçons et les filles portent des blouses de couleur différente, avec des boutons numérotés pour être aisément retrouvés, s'ils s'égaraient.

A ce que la soupe ne soit donnée qu'aux plus pauvres, ou que dans le temps de cherté du grain, ou de chômage forcé de la classe ouvrière, et toujours transitoirement et par exception.

A ce que les enfants, au lieu d'eau pure, prennent, dans l'été, une boisson acidulée et rafraîchissante.

A ce que les maîtresses laïques, aides et servantes, aient une robe d'uniforme, et de couleur et de ceinture différente, et soient toujours bien peignées, bien propres des mains et du visage, et bien chaussées, pour servir elles-mêmes d'exemple à leurs recommandations.

9° D'exposer, le plus possible, la salle d'études, surtout dans les pays froids, aux rayons du soleil.

De faire prendre les récréations à l'air libre.

D'inventer, de multiplier, d'exciter les fonctions gymnastiques qui développent la force musculaire, sans trop la tendre, ainsi que l'adresse, l'agilité, la souplesse des membres, et qui délassent l'intelligence elle-même, par leur variété.

10° D'établir dans l'hiver, à l'aide d'un poêle et de ses tuyaux, un appareil ventilatoire, simple et économique, qui amène du dehors l'air pur, qui le verse dans la salle après l'avoir tiédi, et qui expire, en même temps, l'air impur au dehors.

11° De pratiquer, pendant le reste de l'année, des conduits d'air à l'aide de plusieurs trous forés à ras de sol, dans le bas des deux murs opposés de la salle.

12° D'administrer aux enfants, avec les

conseils des dames visitrices, des bains froids et périodiques, et même quelques bains chauds en hiver, d'après les prescriptions du médecin , en mélangeant l'eau pure avec les mixtures hygiéniques qu'il ordonnerait.

13° De faire aux enfants nécessiteux, et surtout pendant l'hiver, une distribution de chaussons et chaussures, blouses et bonnets, plutôt que de nourriture et d'alimentations.

14° De ne pas tolérer, à cause des scrofules, les salles situées dans les rez-de-chaussée humides et sombres, et plutôt de préférer de premiers étages sur planchers solides et éprouvés, où l'air et le soleil entreraient abondamment, et où les enfants arriveraient par des pentes adoucies.

15° De ne pas se montrer exclusifs dans le choix des instituteurs, employant tantôt des maîtres, tantôt des femmes, veuves ou filles, tantôt des religieuses, selon l'esprit, le goût, le vouloir des parents, le degré relatif d'instruction, de qualités, d'aptitudes, et les conditions locales et économiques de l'œuvre.

16° De conduire la voix de ces petits chanteurs avec méthode, sans cris, sans efforts, naturellement, et de manière à ne pas la briser où l'érailler.

17° De garnir les murs de figures d'animaux coloriés, et de leur faire voir et toucher du doigt, en les nommant, les différents et principaux produits des trois règnes de la nature, de manière à ne leur en donner que des idées justes, et d'y ajouter des explications sommaires et exactes.

18° De préparer et d'accommoder, pour chaque salle et asile et pour chaque école primaire, une armoire à casiers où ces objets seraient renfermés, étiquetés et disposés.

19° De ne point laisser leurs mains sans exercice, en les occupant soit à compter, soit à frapper en cadence, soit à parfiler, à faire du cordonnet, à tricoter, soit à dessiner avec le crayon sur l'ardoise, des animaux en relief ou en peinture.

20° D'établir dans le centre populeux des quartiers marchands, en même nombre à peu près que les asiles-gratuits, d'autres asiles-payants, et dirigés par un comité des pères et mères des enfants qui y seraient admis.

21° De faire servir, s'il y a lieu, et pendant les soirées d'hiver seulement, la salle d'étude, à quelques Veillées-ouvroirs pour les vieilles femmes pauvres et leurs jeunes filles, sous la direction et la surveillance alternative de l'une des maîtresses de l'A-sile, et moyennant une indemnité légère et additionnelle, et d'accommoder à cet effet, par les soins du maire, ou de la Société des pères de famille, l'asile gratuit ou l'a-sile payant, et de manière à réunir, le ma-tin et le soir, deux bonnes œuvres dans le même local, en employant le même poêle, la même salle et, seulement pour le soir, une grande table et quelques bancs de plus.

22° De présenter, à la fin de l'année, en assemblée de famille où les parents, les fondateurs, les souscripteurs et les autorités seraient invités, un rapport qui contiendrait le compte *financier, médical* et *mo-ral* de l'établissement.

Je suis bien loin de prétendre que j'aie vu dans mon voyage tout ce qu'il y avait à voir, ni dit dans mon Mémoire tout ce qu'il y avait à dire. La vue de chacun de nous est si bornée, et nous n'apercevons qu'un point de l'horizon; ou, s'il faut m'exprimer autrement, une maison, pour si petite qu'elle soit, ne se construit pas d'elle-même, ni avec un seul maçon : chacun apporte sa pierre et l'édifice est bâti.

FIN.